Nicky Discovers Rabbits
Copyright © 2018 by Rocket Baby Club
All rights reserved.

No part of this book may be used or reproduced in any manner whatever without written permission,
except in the case of brief quotations embodied in critical articles or reviews.
Korea Translation Copyright © 2022 by SJW International
Korean edition is published by arrangement with Rocket Baby Club,
Cambridge, U.S.A. through BC Agency, Seoul

이 책의 한국어판 저작권은 BC 에이전시를 통한 저작권자와의 독점 계약으로 SJW International에 있습니다.
저작권법에 의해 한국 내에서 보호를 받는 저작물이므로 무단전재와 무단복제를 금합니다.

로봇 닉키의 토끼 발견

어린이 머신 러닝:
머신 러닝과 함께 토끼를 찾아요!

로켓 베이비 클럽 지음
권보라 옮김

2018년 하버드 대학교와 MIT 연구원들은 젊은 세대에게 새롭고 흥미로운 발견을 전달하자는 오랫동안의 연구 끝에 어린이와 어른 모두에게 복잡해 보이는 주제를 쉽고 체계적으로 전달할 수 있는 교육 콘텐츠를 만들었습니다. 이러한 노력이 담긴 이 책을 즐겁게 읽어주세요. 여러분의 다양한 의견을 환영합니다!

RocketBabyClub LLC
Cambridge, MA, USA
Join the Rocket Baby Club now at www.rocketbabyclub.com

안녕! 나는 너의 로봇 친구 '닉키'야.
나를 기억하고 있지?

사람들이 토끼가 귀엽다고 이야기하더라.
너도 토끼를 좋아하니?

나는 아직까지 토끼를
한 번도 본 적이 없어.
그런데 여기 들판에 토끼가 많대.

누가 토끼인지 나한테 알려줄래?

아, 얘가 토끼구나?
복슬복슬하고 귀여워.

다리가 네 개네.
다리가 네 개인 동물은 다 토끼야?

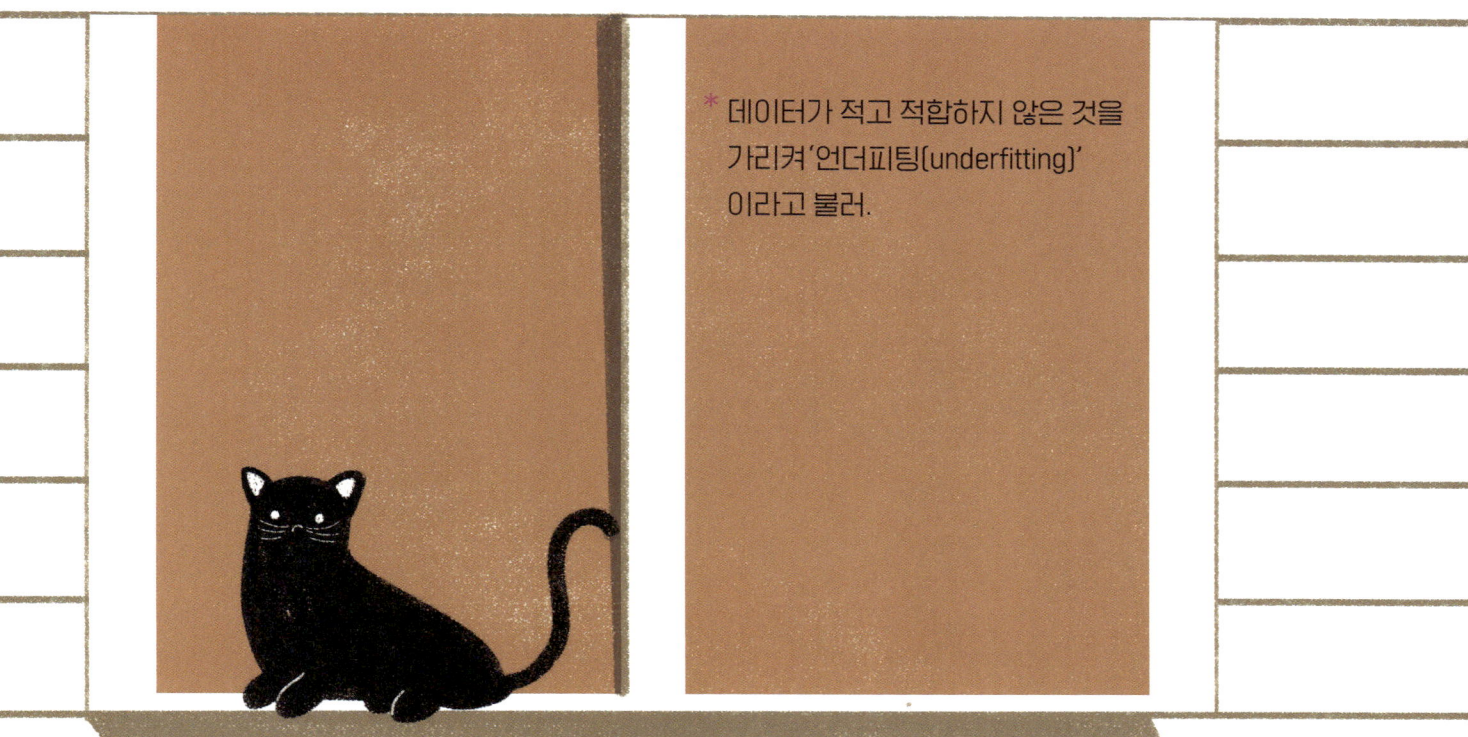

내가 고양이를 본 적이 있는데
고양이도 다리가 네 개야.
그렇지만 고양이는 토끼가 아니지.

한 가지 특징만으로는
토끼를 찾기가 어렵겠어.
데이터(조건값)가 적기 때문이야.*

* 데이터가 적고 적합하지 않은 것을 가리켜 '언더피팅(underfitting)'이라고 불러.

여기 또 다른 토끼가 있어!
토끼는 다 귀가 길다고?

알겠다!
다리가 네 개이고 귀가 길면 토끼야,
맞지?

잠깐!
귀가 긴 강아지도
귀가 길고 다리도 네 개네.

지금까지 토끼의 특징 두 개를 찾았어.
그런데 그것만으로는 토끼를 찾기가 어려워.

데이터가 아직 부족해!

자, 우리 함께 토끼의 특징을
더 찾아보자!
그럼 토끼를 찾을 수 있을 거야.

어디 보자...

지금까지 내가 본 토끼는
하나, 몸이 작고,
둘, 꼬리가 짧고,
셋, 털색이 어두워!
넷, 다리가 네 개이고,
다섯, 귀가 길지!

하나, 둘, 셋, 넷, 다섯,
모두 다섯 개 특징이 있어!

잠깐! 얘도 토끼라고?
얘는 털이 하얗고 어둡지 않아.
다섯 개 특징 중에 네 개만 맞네!

* 데이터가 적합하지만 너무 많을 경우
'오버피팅(overfitting)'이라고 불러.

진짜 얘도 토끼라는 거지?

토끼를 찾기에는 다섯 개 조건이
너무 많은 것 같네.
데이터가 너무 많기 때문이야.*

토끼를 찾기에는 데이터가 너무 많아.

토끼를 찾는 데
도움이 되지 않는
데이터도 있다는 뜻이지.

토끼를 찾으려면
데이터가 너무 많아도 안 되고
데이터가 너무 적어도 안 돼.

나는 아직 토끼를 세 마리밖에 보지 못했어.
나도 너처럼 많은 토끼를 본다면
정확한 특징을 잘 찾을 수 있을 거야.

우리 함께 더 많은
토끼를 찾아보자!

하루 종일 토끼를 찾아봤더니 자신감이 생기네.
이제 토끼를 확실히 구별할 수 있어!

토끼는 몸이 작고, 꼬리가 짧고,
귀가 길고, 다리가 네 개야!

많이 보면 배우는 데 도움이 돼.
이것이 바로 '머신 러닝의 알고리즘'이
돌아가는 방식이야!

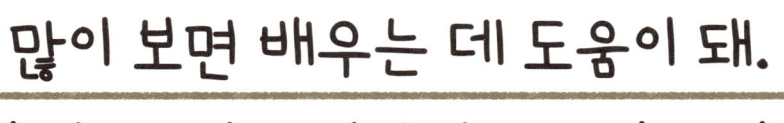

여기까지 배웠다면,
너는 이제 머신 러닝 전문가야!
너도 곧 로봇을 만들 수 있게 될 거야!

과소적합과 과대적합이란 무엇일까?

인간이 학습을 하는 방법은 기계가 학습을 하는 방법과 비슷합니다. 예를 들어 볼까요? 우리는 어떤 물건이나 대상을 알아맞히기 위해 특징들을 서로 연관 지어 생각합니다. 이렇게 우리가 관찰한 특징들을 바탕으로 해서 사물의 예시를 만들지요. 바로 이 책에서 로봇 닉키가 '토끼'라는 동물을 찾기 위해 특징을 관찰하고 정리한 일처럼요. 그런 예시를 영어로는 '모델'이라고 해요.

어떤 모델이 만들어진 바탕에는 그에 대한 '특징들'이 있어요. 특징들이 좋은지 안 좋은지에 따라서 모델이 도움이 되는지 안 되는지 알 수 있습니다. 로봇 닉키가 토끼를 관찰한 내용을 한번 볼까요? 닉키가 토끼를 관찰한 내용을 아래 표로 정리했어요.

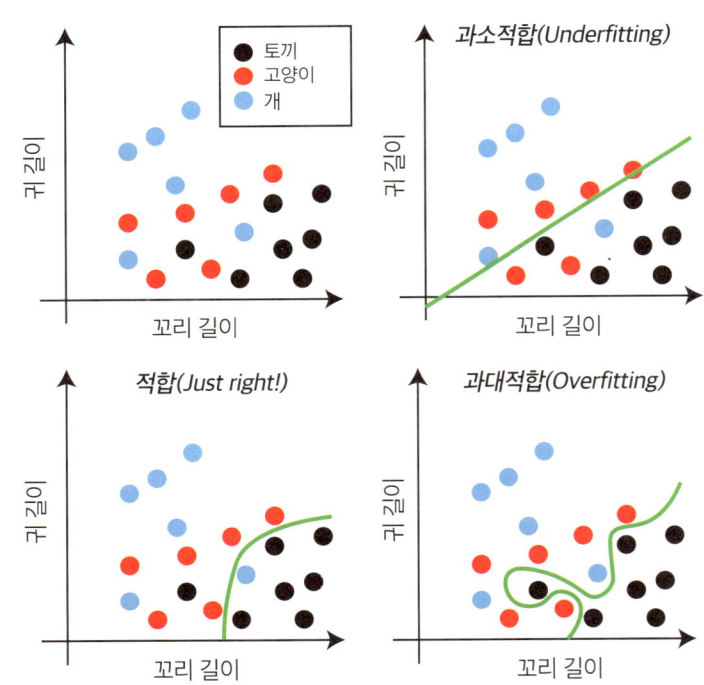

표에서 보면 '파란색', '빨간색', '검은색' 점들이 있어요. 검은색 점은 '토끼', 빨간색 점은 '고양이', 파란색 점은 '개'를 가리켜요.
표에서 오른쪽에 있는 점들은 '귀가 긴' 동물이에요. 왼쪽에 있는 점들은 '귀가 짧은' 동물이지요.
표에서 위에 있는 점들은 '꼬리가 긴' 동물이에요. 반대로 아래 있는 점들은 '꼬리가 짧은' 동물이지요.

토끼를 찾는 좋은 아이디어를 얻기 위해 닉키는 검은색 점과 다른 색 점들을 나누는 모델을 만들어야 해요. 만일 모델이 토끼를 설명하기에 충분하지 않으면 여러 동물 가운데 토끼를 잘 찾지 못한다는 의미지요.

닉키가 만든 모델이 토끼를 잘 설명한다고 해도 지나치게 구체적이어서 빗나가기 쉬울 수도 있어요. 이 경우 모델에 맞지 않는 대상을 발견할 가능성이 높아지죠.

충분히 구별할 수 있으면서도 빗나가지 않는 모델이 가장 좋고 적합한 모델입니다. 이러한 모델은 '토끼는 귀가 길고, 꼬리가 짧다는 사실'을 닉키에게 알려줍니다.

여러분도 좋아하는 것을 하나 정해서 매일 관찰하고 닉키처럼 특징들을 정리해볼까요? 여러분이 정리한 특징들이 데이터가 적고 적합하지 않은 '과소적합(언더피팅)'인지, 데이터가 적합한데 많은 '과대적합(오버피팅)'인지, 아니면 딱 적합한지 확인해보아요.

이 책을 만든 사람들

이 책은 하버드 대학교 공과대학(Harvard School of Engineering and Applied Sciences)의 펠릭스 웡(Felix Wong)이 이끄는 연구진이 만들었습니다. 그림은 다양한 그림을 그릴 수 있는 뛰어난 일러스트레이터 구이링 리우(Guiling Liu)가 그렸어요. www.rocketbabyclub.com에서 더 많은 정보를 찾아보세요!

이 책을 만든 사람들의 모임

이 책을 재미있게 읽었나요? 다른 제품이 궁금한가요? 그렇다면 www.rocketbabyclub.com 웹사이트를 방문하거나 admin@rocketbabyclub.com으로 이메일을 보내주세요. 로켓 베이비 클럽은 초등학생과 유아 모두를 위해 책을 만듭니다. 언제나 여러분을 기다리고 있어요!

옮김 권보라

한양대학교 컴퓨터공학부를 졸업하고 삼성SDS에서 일했다. 현재는 번역 에이전시 엔터스코리아에서 전문 번역가로 활동 중이다. 옮긴 책으로는 《놀면서 저절로 알게 되는 어린이 코딩 개념》《미래를 어떻게 읽을 것인가》《제품의 언어》(UX 컬처 시리즈)가 있다.

로봇 닉키의 토끼 발견
어린이 머신 러닝: 머신 러닝과 함께 토끼를 찾아요!

초판 1쇄 발행 2022년 10월 28일

지은이 로켓 베이비 클럽
옮긴이 권보라
펴낸곳 ㈜에스제이더블유인터내셔널
펴낸이 양홍걸 이시원

주소 서울시 영등포구 국회대로74길 12 남중빌딩 시원스쿨
구입 문의 02)2014-8151
고객센터 02)6409-0878

ISBN 979-11-6150-641-8 77840

이 책은 저작권법에 따라 보호받는 저작물이므로 무단복제와 무단 전재를 금합니다. 이 책 내용의 전부 또는 일부를 이용하려면 반드시 저작권자와 ㈜에스제이더블유인터내셔널의 서면 동의를 받아야 합니다.

시원주니어는 ㈜에스제이더블유인터내셔널의 어린이 단행본 브랜드입니다.

독자 여러분의 투고를 기다립니다.
책에 관한 아이디어나 투고를 보내주세요.
siwonbooks@siwonschool.com